Uma ética laica

Esta obra foi publicada originalmente em italiano com o título
UN'ETICA PER I LAICI
por Bollati Boringhieri Editore, Torino
Publicado por acordo com Thames & Hudson, Londres
Copyright © 2008 Bollati Boringhieri Editore S.r.l.
Torino Corso Vittorio Emanuele II. 86

Todos os direitos reservados. Este livro não pode ser reproduzido no todo ou em parte, estocado em sistemas eletrônicos recuperáveis nem transmitido por nenhuma forma ou meio, eletrônico, mecânico ou outros sem a prévia autorização por escrito do Editor.

Copyright © 2010, Editora WMF Martins Fontes Ltda.,
São Paulo, para a presente edição.

1ª edição *2010*
2ª tiragem *2022*

Tradução
MIRELLA TRAVERSIN MARTINO

Revisão da tradução
Silvana Cobucci Leite
Acompanhamento editorial
Luzia Aparecida dos Santos
Revisões
Márcia Leme
Luzia Aparecida dos Santos
Produção gráfica
Geraldo Alves
Paginação
Studio 3 Desenvolvimento Editorial
Capa
Adriana Porto

Dados Internacionais de Catalogação na Publicação (CIP)
(Câmara Brasileira do Livro, SP, Brasil)

Rorty, Richard
   Uma ética laica / Richard Rorty ; introdução de Gianni Vattimo ; tradução Mirella Traversin Martino ; revisão da tradução Silvana Cobucci Leite. – São Paulo : Editora – WMF Martins Fontes, 2010.

   Título original: Un'etica per I laici
   ISBN 978-85-7827-246-3

   1. Relativismo 2. Filosofia I. Vattimo, Gianni. II. Título.

10-00457   CDD-149

Índices para catálogo sistemático:
1. Relativismo : Filosofia 149

Todos os direitos desta edição reservados à
Editora WMF Martins Fontes Ltda.
Rua Prof. Laerte Ramos de Carvalho, 133 01325.030 São Paulo SP Brasil
Tel. (11) 3293.8150 e-mail: info@wmfmartinsfontes.com.br
http://www.wmfmartinsfontes.com.br

Richard Rorty

Uma ética laica

Introdução de Gianni Vattimo

Tradução
MIRELLA TRAVERSIN MARTINO

Revisão da tradução
SILVANA COBUCCI LEITE

Gianni Vattimo   Conheci Richard Rorty em 1979, em Milwaukee, onde havia sido organizada uma conferência sobre o pós-moderno da qual também participavam, entre outros, Ihab Hassan, um pensador egípcio que escrevera livros sobre a pós-modernidade, e Hans-Georg-Gadamer, o mestre da hermenêutica do século XX, falecido em 2002, aos 102 anos. Sentia-me um pouco embaraçado diante de Rorty, pois, além de ser mais velho que eu, ainda que pouco, acabara de receber um importante prêmio por seu livro *Philosophy and the Mirror of Nature* [A filosofia e o espelho da natureza] (Princeton University Press, 1979) e era, portanto, o norte-americano de grande prestígio na conferência. Depois de dar uma olhada em minha intervenção, perguntou-me se poderia lê-la; eu não conhecia seu livro, que, aliás, havia sido publicado naquele ano, nem ele conhecia os meus, mas percebemos que dizíamos coisas semelhantes. A partir daquele momento nasceu uma grande amizade e, da minha parte, também certo respeito devoto.

Na época, Rorty já estava antecipando uma corrente pós-analítica da filosofia anglo-saxã que – vou resumi-la brevemente para esclarecer o sentido de seu trabalho – baseava-se na ideia de que os três grandes pensadores do século XX haviam sido John Dewey, Ludwig Wittgenstein e Martin Heidegger. Ora, se colocar Dewey e Wittgenstein juntos já poderia parecer uma ousadia, colocá-los junto de Heidegger era um escândalo, embora não deixasse de ser muito criativo. A filosofia norte-americana dos anos subsequentes não se converteu totalmente numa forma de pragmatismo hermenêutico, mas com certeza aproximou-se cada vez mais – com muitos de seus eminentes representantes, hoje famosos também na Europa, como Robert Brandom, por exemplo – de certas teses da filosofia europeia inspiradas fundamentalmente na hermenêutica.

Vou poupá-los da aula sobre hermenêutica, mas, resumindo, a ideia era: na filosofia do século XX desapareceu aquele sonho cujo fim já havia sido anunciado por Husserl, *Ausgeträumt*, o sonho da filosofia como ciência rigorosa que caracterizara tanto o positivismo como a fenomenologia, de ambos os lados do canal da Mancha, se não do Atlântico. Afirmava-se que a filosofia deveria ser uma boa representação da realidade ou, pelo menos, das maneiras como representamos a realidade.

O livro que Rorty me presenteou pessoalmente em Milwaukee, publicado pouco tempo depois em italiano com o título *La filosofia e lo specchio della natura* (Bompiani, 1986) – com uma introdução de minha autoria, escrita em parceria com o respeitável colega wittgensteiniano Diego Marconi –, dizia essencialmente que, por muitos séculos, a filosofia se preocupara em fornecer as garantias de que nossa representação da realidade é fiel. O espelho significava que a filosofia devia ajudar a refletir fielmente a Natureza ou orientando a ciência, para falar com Kant, ou simplesmente mostrando as estruturas básicas de acordo com as quais espelhamos a Natureza.

Para Rorty, porém, tudo isso não passava de um sonho metafísico, como já dissera Heidegger: era a ideia de que a essência de nosso ser-no-mundo consistia em contemplar a verdade objetiva e depois, acima de tudo, observá-la. Lembremos que "observar" pode significar tanto olhar uma coisa para descobrir como é feita, quanto seguir, respeitar, como no caso de "observar uma lei". Se quisermos, a tradição metafísica europeia estava ligada à ideia de que, observando as coisas como elas estão, também se aprenderia a observar as normas.

As normas, entretanto, como já dizia Hume – um filósofo anglo-saxão, afinal –, não podem ser extraídas dos fatos. Se alguém é alguma coisa, simplesmente é. Se não é e lhe dizem que deve ser, é preciso explicar-lhe por que deve sê-lo. "Seja homem!", dizem os que querem enviar-me para a guerra, mas deveriam explicar-me também por que eu deveria fazê-lo.

Por que o discurso de Rorty referia-se a grandes autores como Wittgenstein e, sobretudo, como Dewey? Porque Dewey é o fundador do pragmatismo. Rorty retoma o pragmatismo de Wittgenstein, que no segundo período de seu pensamento inventara os jogos linguísticos: cada setor de nossa existência fala uma linguagem, e a verdade, a falsidade ou até a sensatez de uma proposição dependem das regras de linguagem em que ela é enunciada. Seria como dizer "com os santos na igreja, com os boêmios no bar". Se alguém for a um bar cantando hinos marianos, provavelmente será expulso com grandes risadas, e o mesmo ocorrerá se, na igreja, alguém cantar músicas de bar.

Esse discurso, portanto, remetia o problema da verdade observadora a um horizonte que não era mais o de olhar como as coisas estão, e sim o de atuar na realidade. O pragmatismo não significava apenas "é verdadeiro aquilo que funciona", mas também "estamos no mundo não para olhar como as coisas estão, mas para produzir, fazer, transformar a realidade". Com qual objetivo? A nossa felicidade, é claro. Deveríamos ficar felizes ao saber como as coisas estão? E por quê? Se alguém adoece e lhe explicam que está doente porque seus ossos estão se desgastando, ficará feliz? Não, a menos que seja possível dar-lhe também o remédio para curá-lo. Nesse caso, saber a verdade serve-lhe para um propósito: tentar não ser demasiado infeliz.

Esse, em palavras pobres, é o pragmatismo do discurso de Rorty.

Por que está de acordo com os hermenêuticos e com Heidegger? Porque foi Heidegger quem disse, também, que a existência é projeto e que toda filosofia – toda pretensão de validade, para não dizer de verdade – fundamenta-se no compartilhamento do projeto que apresenta. Eu mesmo, aliás, tornei-me preguiçoso, e não leio mais nenhum livro de filosofia que pretenda dizer-me como as coisas estão: quero que, desde o início, declare como quer que elas se tornem. Se não propõe um projeto que me interesse, talvez eu o leia por ter a obrigação de fazer uma resenha, mas certamente não o farei por estar curioso em saber como as coisas estão, de acordo com aquele livro.

Eu poderia resumir as teses de Rorty – que interpreto de um modo um pouco diferente dele – dizendo que no século XX a filosofia passou da ideia de verdade para a de caridade: o valor supremo não é a verdade como descrição objetiva. O valor supremo é o acordo com os outros. Alguém poderia objetar: "Como chegaremos a um acordo se não sabemos como as coisas estão?" Dizemos que sabemos como as coisas estão quando nos entendemos, ou ainda quando, baseados numa série de premissas, exigências e também de métodos compartilhados herdados da história, atingimos um ponto em que estamos de acordo, satisfeitos, e deixamos de perguntar um ao outro: "O que você está dizendo?"

Essa é uma forma de dar razão a Rorty e a muitos de seus mestres, ao nosso amigo comum, Gadamer, em tantos sentidos até mesmo a Jacques Derrida, e também a Jürgen Habermas, porque, embora ultimamente tenha começado a falar de natureza humana, suscitando o aplauso das hierarquias vaticanas – ao menos em relação àquele ponto específico –, na verdade pensa que a racionalidade de um discurso consiste em sua apresentabilidade decente aos outros.

Eu jamais poderia discorrer aqui sobre coisas que vocês não considerem decentes; depois seria possível discutir se servem ou não servem, mas o essencial é, mais uma vez, não tanto a correspondência aos dados de fato – o espelho da Natureza – quanto a busca comum da felicidade, o acordo e, caso se queira, também a caridade.

Richard Rorty O tema sobre o qual falarei é "espiritualidade e secularismo".

Bento XVI lamentou-se sobre o fato de que a Igreja tem cada vez mais dificuldade para dizer em que acredita. Em breve, declara o papa, já não será possível afirmar que a homossexualidade constitui um distúrbio objetivo na estrutura da existência humana, como ensina a Igreja católica. A previsão do papa poderia concretizar-se. No *campus* de minha universidade, condenar a homossexualidade ou tratar o desejo homossexual como perverso ou de algum modo imoral, já seria considerado uma manifestação ofensiva de cruel intolerância. O papa tem razão ao sugerir que a pressão por parte de uma opinião pública ultrajada poderia obrigar a Igreja a silenciar sobre o tema da homossexualidade. Espero que seus receios sejam confirmados e que isso ocorra, pois acredito que a condenação da homossexualidade gerou uma considerável e desnecessária infelicidade humana.

A atitude da Igreja reduziu significativamente a felicidade humana. A controvérsia sobre a homossexualidade suscita uma pergunta essencial sobre a natureza da moralidade: a Igreja tem razão ao afirmar que existe uma espécie de estrutura da existência humana capaz de servir de ponto de referência moral, ou nós, seres humanos, não temos obrigações morais, além da obrigação de nos ajudar reciprocamente a satisfazer nossos desejos, atingindo assim a maior felicidade possível?

Concordo com John Stuart Mill, o grande filósofo utilitarista, sobre o fato de que esta última é nossa única obrigação moral.

A Igreja, obviamente, afirma que opiniões como a de Mill reduzem o ser humano à categoria de um animal, mas filósofos como eu acreditam que o utilitarismo nos engrandece, oferecendo-nos um ideal moral estimulante. O utilitarismo conduz a esforços heroicos e altruístas no interesse da justiça social, esforços perfeitamente compatíveis com a afirmação de que não existe nenhuma estrutura da existência humana.

O filósofo espanhol George Santayana afirmou que a superstição é a confusão de um ideal com o poder; é acreditar que qualquer ideal deve de algum modo fundamentar-se em algo já existente, em algo transcendente que põe esse ideal diante de nós. O que o papa define como estrutura da existência humana é um exemplo desse tipo de entidade transcendente.

Santayana afirmava, e eu concordo com ele, que a única fonte de ideais morais é a imaginação humana; esperava que os seres humanos, no fim, abandonariam a noção de que os ideais morais deveriam fundamentar-se em algo mais amplo que eles mesmos. Esperava que começassem a pensar em todos esses ideais como criações humanas, sem se ressentir com isso. A asserção de Santayana sobre o fato de que a imaginação é uma fonte suficientemente boa para um ideal levou-o a afirmar que a religião e a poesia são idênticas em sua essência. Ele empregou o termo poesia em sentido lato, para dar a ideia de produto da imaginação, e o termo religião em sentido igualmente lato, incluindo nele o idealismo político e as aspirações destinadas a tornar a vida de uma comunidade radicalmente diferente e melhor que antes. Santayana afirmou que a poesia é chamada de religião quando intervém na vida e que a religião, quando simplesmente acontece na vida, parece ser apenas poesia. Ele acreditava que nem a poesia nem a religião deviam ser consideradas instrumentos para nos falar de algo que já é real.

Deveríamos deixar de pensar no que um ideal pretende de nós e de nos questionar sobre a natureza de nossas obrigações para sermos fiéis a um ideal. Dedicar-se a um ideal moral é como dedicar-se a outro ser humano. Quando nos apaixonamos por outra pessoa, não nos questionamos sobre a origem ou sobre a natureza de nosso esforço em cuidar do bem-estar daquela pessoa. É igualmente inútil fazê-lo quando nos apaixonamos por um ideal. Grande parte da filosofia ocidental é, como a teologia cristã, uma tentativa de nos colocar em contato com algo maior que nós. Portanto, aceitar a opinião de Santayana, como faço, significa rejeitar a tradição que Heidegger definia como ontoteologia; significa deixar de se fazer tanto perguntas metafísicas sobre o fundamento ou a origem de nossos ideais como perguntas epistemológicas sobre como podemos ter certeza de ter escolhido o ideal correto.

Retomando a analogia anterior, é tolice pedir uma prova de que as pessoas que amamos são as melhores pelas quais poderíamos nos apaixonar. Mas obviamente podemos deixar de amar uma pessoa porque nos apaixonamos por outra. Analogamente, podemos abandonar um ideal porque passamos a apreciar outro. O que não podemos fazer, entretanto, é escolher entre duas pessoas ou entre dois ideais adotando critérios neutros. Quando se trata, por exemplo, da conversão de uma forma ateísta para uma forma religiosa de espiritualidade, ou de uma forma religiosa para uma forma ateísta, é inútil buscar uma demonstração de que estamos na direção certa.

Contudo, a outra tradição teológica, estigmatizada como superstição por Santayana, insiste no fato de que devemos nos fazer perguntas metafísicas e epistemológicas sobre nossos ideais e que temos o dever de seguir os passos de Platão. A corrente de pensamento que se iniciou com Sócrates e Platão afirma que mergulhar simplesmente na realização de um projeto equivale a tornar-se uma criatura de vontade cega, mais bestial que humana, e que definir o projeto como realização de um ideal não torna nem um pouco melhor aquela vontade não pensante.

Esse modo platônico de pensar encontra expressão numa das afirmações citadas com mais frequência pelo pontífice. Numa homilia pronunciada antes de ascender ao trono pontifício, o cardeal Ratzinger disse que, hoje, ter uma fé clara, baseada na crença de Cristo, na crença da Igreja, não raro é rotulado como fundamentalismo, ao passo que o relativismo, ou seja, o deixar-se levar de um lado para outro como que pelo vento, parece ser a única atitude capaz de enfrentar os tempos modernos. Ratzinger afirma que estamos construindo uma ditadura do relativismo que não reconhece nada como definitivo e cujo objetivo final consiste unicamente no próprio ego e em seus desejos.

Filósofos como Santayana e Mill, de fato, recusam-se a reconhecer qualquer coisa como definitiva, por considerarem que o objeto de qualquer especulação filosófica ou culto religioso é produto da imaginação humana. Mais dia menos dia, aquele objeto poderia ser substituído por outro melhor. Esse processo de substituição não tem fim; não existe um ponto em que podemos finalmente afirmar que encontramos a ideia certa. Não há nada de já existente a que nossas convicções morais deveriam tentar corresponder.

Entretanto, o que o papa define desconsoladamente como hábito relativista de se deixar levar de um lado para o outro como que pelo vento é considerado, por filósofos como eu, uma abertura para novas possibilidades, a disponibilidade de levar em conta todas as sugestões sobre o que poderia aumentar a felicidade humana. Nós acreditamos que a única maneira de evitar os males do passado é estar abertos para uma mudança doutrinal.

Até aqui esbocei a controvérsia entre essas duas posições opostas sobre a natureza da moralidade. Gostaria de concentrar-me agora nos termos fundamentalismo e relativismo, geralmente empregados como pejorativos.

Com o termo fundamentalismo, em geral se indica uma invocação absurdamente acrítica dos textos das Escrituras. Todavia, ninguém poderia fazer uma acusação como essa a um teólogo primoroso como Bento XVI. O termo relativismo muitas vezes é utilizado para definir a tese, igualmente absurda, segundo a qual toda convicção moral é tão boa quanto qualquer outra. Mas essa é uma tese que nenhum filósofo jamais tentou defender.

No entanto, pode-se atribuir um significado útil e respeitável ao termo fundamentalismo usando-o simplesmente para indicar a tese – que é a apresentada pela Igreja – de que os ideais são válidos apenas se alicerçados na realidade. De modo análogo, o termo relativismo também assumirá um significado útil e respeitável se definido simplesmente como negação do fundamentalismo. Com base nessa definição, os relativistas são apenas aqueles para quem estaríamos melhor sem noções como as obrigações morais incondicionadas fundamentadas na estrutura da existência humana.

Em 1996, quando ainda era cardeal, o papa escreveu que o relativismo parece ser o fundamento filosófico da democracia. Segundo Ratzinger, os filósofos relativistas definem positivamente sua doutrina, com base em conceitos de tolerância, epistemologia dialética e liberdade, liberdade que seria limitada pela afirmação de que uma única verdade é válida para todos. Ratzinger resumia o raciocínio dos relativistas deste modo: "Diz-se que a democracia baseia-se no princípio de que ninguém pode ter a pretensão de saber qual é o caminho certo a tomar. Ela se apoia em todos os modos que se reconhecem reciprocamente como tentativas fragmentárias de melhoria, tentativas de obter um acordo através do diálogo. Dizem que a sociedade livre é uma sociedade relativista. Só sob essa condição pode permanecer livre e flexível."

A atitude filosófica que o cardeal descreve nesse trecho é compartilhada por Mill, Dewey e Habermas. Esses três filósofos sugerem que se pense a verdade mais como aquilo que se impõe sobre o livre mercado das ideias do que como correspondência a uma realidade anterior – um ponto de vista que Vattimo resumiu em sua introdução – e consideram que as sociedades democráticas fundamentam-se na ideia de que nada é sagrado, porque é possível discutir sobre qualquer coisa.

O cardeal Ratzinger leva em consideração o fato de que o relativismo não é desprovido de recursos intelectuais e admite que não pode ser liquidado com facilidade. Com palavras que poderiam ter escandalizado Pio IX, ele afirma que, no campo da política, a visão relativista é em grande parte verdadeira; a opinião política individual não existe. O que é relativo, a construção de uma vida comum e livremente ordenada pelo homem, não pode ser absoluto. O futuro Bento XVI afirma que o erro do marxismo e da teologia política foi precisamente pensar que poderia sê-lo. A seu ver, entretanto, até mesmo no âmbito da política, o relativismo absoluto não pode ser a única saída. Há coisas erradas que nunca poderão tornar-se corretas, como, por exemplo, matar pessoas inocentes e negar aos indivíduos o direito de ser tratados como seres humanos e de viver uma vida que lhes seja adequada. Há coisas certas que nunca poderão tornar-se erradas. No âmbito da política e da sociedade, portanto, não se pode negar um certo direito ao relativismo. O problema, para Ratzinger, deriva do fato de o relativismo ser visto como algo ilimitado. Segundo o cardeal, a necessidade de estabelecer limites para o relativismo demonstra que toda vez que a política promete ser redentora, promete demais; toda vez que pretende fazer o trabalho de Deus, a política torna-se não divina, mas diabólica.

Os relativistas como eu concordam sobre o fato de que o colapso do marxismo ajudou-nos a compreender por que a política não deveria tentar ser redentora. E não por estar disponível outro tipo de redenção, aquela que os católicos consideram possível encontrar na Igreja, mas porque desde o início a redenção sempre foi uma má ideia.

É preciso tornar os homens mais felizes, e não redimi-los, porque eles não são seres degradados, almas imateriais aprisionadas em corpos materiais, almas inocentes corrompidas pelo pecado original. Os homens são, como afirmava Friedrich Nietzsche, animais inteligentes. Inteligentes porque, diferentemente de outros animais, aprenderam como colaborar uns com os outros para poder realizar os próprios desejos da melhor forma possível. No decorrer da história, nós, animais inteligentes, adquirimos novos desejos e nos diferenciamos bastante de nossos ancestrais animais. Nossa inteligência, de fato, não apenas nos permitiu adequar os meios aos nossos fins, mas também imaginar novos fins, cogitar novos ideais. Ao descrever os efeitos do resfriamento do sol, Nietzsche escreveu: "E assim os animais inteligentes tiveram que morrer." Teria sido melhor se escrevesse: "E assim os animais corajosos, criativos, idealistas, voltados à melhoria pessoal, tiveram que morrer."

A noção de redenção pressupõe uma distinção entre a parte inferior da alma, mortal, e a parte superior, espiritual, imortal. A redenção é o que acontece quando a parte superior triunfa sobre a inferior, quando a razão vence a paixão ou quando a graça derrota o pecado. Em grande parte da tradição ontoteológica, a distinção entre a parte inferior e a parte superior da alma é estruturada como distinção entre a parte que se contenta com a finitude e aquela que aspira ao infinito.

De acordo com Ratzinger, a fé ainda tem uma esperança porque corresponde à natureza do homem. O homem é proporcionado de modo muito mais generoso do que Kant ou vários filósofos pós-kantianos o consideravam, ou melhor, consentiam que o fosse. A aspiração ao infinito é viva e inextinguível no interior do homem. Portanto, conclui, só o Deus que se torna Ele mesmo finito para destruir nossa finitude e conduzir-nos aos amplos espaços de sua infinidade pode nos redimir.

Foi Platão quem fundou a tradição adotada pelo papa, ligando a ideia de imortalidade à de imaterialidade e infinidade. A alma imaterial, cuja verdadeira sede é o mundo imaterial, um dia habitará os amplos espaços da própria infinidade, tornando-se imune aos desastres que inevitavelmente abalam qualquer ser meramente espaçotemporal, meramente finito. Muitas vezes se diz que os que discordam de Platão – como eu e os filósofos a que me referi – são desprovidos do sentido do espiritual. Se por espiritualidade se entende uma aspiração ao infinito, essa acusação é perfeitamente justificada, mas ela não se justifica quando se vê a espiritualidade como um sentido elevado de novas possibilidades que se abrem para os seres finitos. A diferença entre esses dois significados do termo espiritualidade é a diferença entre a esperança de transcender a finitude e a esperança num mundo em que os seres humanos tenham vidas muito mais felizes do que as que vivem atualmente.

Esse tipo de esperança faltava aos antigos materialistas, como Epicuro. Eles eram incapazes de conceber semelhante idealismo moral, incapazes de alcançar a elevação espiritual que os europeus e os americanos secularistas podem obter após as revoluções democráticas do século XVIII. Desde então, surgiu uma forma de espiritualidade que rejeita a possibilidade da santidade, que rejeita o aperfeiçoamento da vida de um indivíduo e se aproxima, entretanto, da possibilidade de aperfeiçoar a sociedade humana, e que é amplamente cristã em sua inspiração inicial. O idealismo político dos tempos modernos não precisa e não vê nenhuma utilidade na ideia de que existe algo acima daquilo que o cardeal Ratzinger definiu como o ego e seus desejos; não apenas o ego do indivíduo, mas o de todos os seres humanos.

A diferença entre as duas visões da moralidade que discuti até agora é bem ilustrada pelo contraste entre a menção desdenhosa do papa ao ego e a seus desejos e minha passagem preferida do filósofo norte-americano William James, que escreveu o seguinte: "Toda afirmação de fato cria, de alguma maneira, uma obrigação. Considerem uma questão, por menor que seja, que uma criatura qualquer, ainda que frágil, possa levantar: não deveria ser satisfeita pelo bem de sua alma? Se não for assim, demonstrem por quê. O único tipo possível de prova a ser apresentada seria trazer uma outra criatura, que teria de expor uma questão em sentido contrário."

Para Mill, James, Dewey, Habermas e os outros filósofos da democracia social, a resposta para a pergunta: "alguns desejos humanos são maus?" é: "não, mas alguns desejos tornam impraticável o nosso projeto de maximizar a satisfação abrangente do desejo". Por exemplo, meu desejo de que meus filhos tenham mais comida que os filhos de meus vizinhos não é intrinsecamente mau, mas esse desejo não deveria ser realizado. Não existe um desejo intrinsecamente mau, existem apenas desejos a ser subordinados a outros no interesse da equidade.

Para os que adotam o ideal utilitarista da maximização da felicidade, o progresso moral consiste em ampliar a faixa de pessoas cujos desejos devem ser levados em conta. Trata-se de fazer aquilo que o filósofo americano contemporâneo Peter Singer define como "ampliar o nosso círculo", aumentar o número de pessoas que consideramos parte de nosso grupo.

O exemplo mais evidente dessa ampliação é a mudança ocorrida quando os ricos começaram a ver os pobres como seus concidadãos, e não como pessoas cujo lugar na vida havia sido decretado por Deus. Os ricos foram obrigados a deixar de pensar que as crianças mais desafortunadas estavam de algum modo destinadas a ter uma vida menos feliz do que a dos seus próprios filhos. Só então eles puderam começar a considerar riqueza e pobreza mais como instituições sociais modificáveis do que como parte de uma ordem imutável.

Outro exemplo óbvio da ampliação de nosso círculo é o sucesso recente, parcial, mas encorajador, do feminismo. De uns tempos para cá, os homens têm se mostrado mais dispostos a se colocar no lugar das mulheres. Outro exemplo, ainda, é o fato de os heterossexuais estarem mais propensos a se colocar no lugar dos homossexuais, a imaginar como deve ser ouvir dizer que o amor que se sente por outra pessoa é uma perversão repugnante.

Gostaria de concluir levantando a questão de como se pode escolher entre a tese de James, segundo a qual qualquer desejo tem o direito de ser realizado, desde que não interfira na realização de outros desejos, e a dos que consideram que certas ações e certos desejos são intrinsecamente maus. Por exemplo, como escolher entre os que acreditam que proibir a sodomia é tão absurdo quanto proibir o consumo de frutos do mar, e aqueles que, ao contrário, consideram a sodomia um distúrbio objetivo na estrutura da existência humana?

Filósofos como eu não acreditam que só precisamos pensar e nos dedicar a reflexões filosóficas para nos tornarmos capazes de resolver questões como a que acaba de ser apresentada. A nosso ver, Mill tem uma visão de sociedade ideal, e o papa tem outra, e nós não podemos escolher entre as duas com base em princípios filosóficos, porque nossa escolha entre princípios alternativos é determinada por nossas preferências sobre os futuros possíveis para a humanidade. A filosofia não impõe limites ao uso da imaginação: é um produto ulterior da imaginação. A história não é mais útil que a filosofia, visto que pode ser lida de muitos modos diferentes.

Em muitos de seus escritos, o papa sugeriu que a necessidade de considerar nossas obrigações morais como algo imposto por uma lei moral eternamente fixa foi demonstrada pela experiência histórica do fascismo e do comunismo. Obviamente, seus opositores aproveitam os horrores cometidos pela Igreja católica para chegar à conclusão oposta: enquanto o papa acusa o relativismo de ter levado a Auschwitz e aos *gulagui*, seus opositores acusam o fundamentalismo de ter justificado a prática de levar os homossexuais à fogueira.

Se a filosofia é pensada como um apelo à razão e a história como um apelo à experiência, então poderíamos resumir o que eu disse até agora afirmando que nem a razão nem a experiência podem fazer muito para nos ajudar a decidir se devemos concordar com Bento XVI ou com Santayana, James, Mill, Dewey e Habermas. Não existe um tribunal de apelação neutro que possa nos ajudar a escolher entre essas duas descrições da situação humana, cada uma das quais inspirou muitos atos de heroísmo moral.

De acordo com a visão do papa, os seres humanos devem permanecer fiéis àquela que ele define como "a experiência humana comum de contato com a verdade que é maior que nós".

De acordo com a visão relativista, nunca houve e jamais haverá uma verdade maior que nós. A própria ideia de uma verdade desse tipo é a confusão dos ideais com o poder. Segundo a opinião dos relativistas como eu, a luta entre o relativismo e o fundamentalismo é a luta entre dois grandes produtos da imaginação humana. Não é uma disputa entre uma visão que corresponde à realidade e outra que não corresponde a ela, e sim entre dois poemas visionários: um oferece uma visão de ascensão vertical para algo maior que o meramente humano, o outro traz uma visão de progresso horizontal para um amor colaborativo comum em nível planetário.

Pergunta do público Gostaria de saber se, no seu modo de pensar, o misticismo deve ou não ser incluído. Em sua opinião, o verdadeiro sentido do misticismo, ou de algo transcendente, existe ou não?

Rorty Creio que os místicos, assim como os poetas, estão entre os maiores gênios criativos que contribuíram para o progresso moral e intelectual dos seres humanos. O ponto sobre o qual discordamos é a convicção de que o misticismo possa ser um modo de entrar em contato com o transcendente. A meu ver, a experiência mística é uma forma de superar os limites da língua que se fala e chegar à criação de uma nova linguagem, que, por sua vez, leva ao progresso moral e intelectual.

Pergunta Não quero fazer, *a priori*, o papel do absolutista, mas gostaria de levantar algumas questões. Porque, se é verdade que aplicar a palavra relativismo a todo um conjunto de posições significa simplificar, então o contrário também é verdadeiro: usar a palavra absolutismo é igualmente uma simplificação.

Como Rorty é norte-americano, gostaria de lhe perguntar: atualmente, o que significa, nos Estados Unidos, assumir uma posição de caráter político que não seja absolutista? Creio que não existe afirmação mais absolutista que a da democracia norte-americana quando pretende colocar-se antes e além da filosofia. Em minha opinião, a democracia não pode aspirar a ser nada mais que uma forma totalmente transitória de civilização. Contudo, não é o que ocorre nos Estados Unidos. Os Estados Unidos não querem que isso ocorra nem mesmo na Europa, no Oriente Médio ou no resto do mundo. Creio que essa posição é mais absolutista que a de Ratzinger.

Uma pergunta sobre história: é possível renunciar totalmente à objetividade? Entendo que seja algo para o qual se deva sempre tender, mas que jamais pode ser alcançado, mas tem-se a sensação de que, nesse tipo de posições, existe uma renúncia *a priori* em relação à voz de Deus. Assim, a historiografia torna-se expressão de imaginação e de vontade de potência, sempre e de qualquer maneira.

Rorty O motivo que me levou a não contrapor o relativismo ao absolutismo, mas sim o relativismo ao fundamentalismo, definindo este último como a crença de que os ideais devem ter como fundamento algo que já seja real, e o relativismo como a negação dessa afirmação, é que concordo com o fato de que não existe nenhuma diferença entre o papa e filósofos como eu quando se trata da força de nossas convicções políticas.

Se quisermos colocar deste modo, podemos dizer que ambos acreditamos nos absolutos. O papa acredita em absolutos diferentes daqueles em que creem filósofos como eu. Portanto, reconheço que todos os que têm convicções morais são tão absolutistas quanto todos os outros, mas gostaria de acrescentar que os filósofos não discutem sobre esse ponto. Eles estão mais interessados em saber se precisamos ou não da metafísica, se temos ou não necessidade da teologia, se precisamos de uma representação do mundo que já tenha em si os ideais que gostaríamos de levar a termo.

No que diz respeito à democracia social – no sentido que se dá a essa noção nos Estados

Unidos –, creio que seus defensores, como Dewey, diriam que ela não é, por si só, um absoluto, mas simplesmente o melhor meio que conseguimos imaginar até o momento para alcançar a máxima felicidade possível para os seres humanos.

No passado, tínhamos outras ideias do que poderia conduzir à máxima felicidade humana. Hoje pensamos que é a democracia, amanhã poderia ser qualquer outro meio. O único absoluto em circulação continua a ser a felicidade humana.

Não sabemos quais poderiam ser as características da sociedade ideal: ela poderia não ser nem mesmo uma sociedade democrática. Há mil anos acreditávamos que teria sido uma civilização cristã e católica. Poderia, porém, ter-se revelado uma sociedade não cristã e não católica e, talvez, nem sequer teria existido uma sociedade democrática. Contudo, se os seres humanos pudessem discutir livremente sobre como se tornar mais felizes mutuamente, ainda assim seria uma sociedade ideal.

Pergunta Não lhe parece difícil aceitar *sic et simpliciter* que um desejo seja sempre mais ou menos lícito desde que esteja em consonância com o dos outros? Não lhe parece que a massificação dos desejos seja aceitável apenas na perspectiva cristã do "ama o próximo como a ti mesmo"?

Rorty   Creio que o ideal de uma sociedade em que todos amam a todos assim como amam a si mesmos é um ideal impossível. No entanto, o ideal de uma sociedade em que todos têm respeito suficiente pelos outros a ponto de não presumir que um dos seus desejos seja intrinsecamente mau é um ideal possível. E é o segundo ideal que, através do crescimento da democracia social e da tolerância, realizamos pouco a pouco nos dois últimos séculos.

Pergunta   Parece-me que o problema está precisamente na relação a três entre relativismo, absolutismo e fundamentalismo. É correto dizer que cada verdade isolada diz respeito ao âmbito em que se exprime, mas também é correto dizer que a verdade só tem sentido se é total, universal, completa, só se está a serviço da verdade total. Se deslocamos essa ideia do plano teórico para o ético, é claro que o único ponto de vista a ser atacado e condenado é justamente o de quem quer apenas a própria felicidade individual ou a do próprio grupo, excluindo a felicidade dos outros.

O melhor, portanto, é querer a felicidade de todos. Porém, querer o máximo de felicidade pessoal e, ao mesmo tempo, a felicidade de todos é certamente impossível: só é praticável numa dimensão transcendente. É certo que, neste mundo, temos de fazer com que as duas coisas convivam de algum modo, e por isso não podemos excluir os homossexuais, não podemos excluir as mulheres, não podemos excluir os pobres: todos devem ser levados em consideração.

Todavia, caso a salvaguarda da felicidade de alguns colocasse em risco a sobrevivência da humanidade, é claro que seria preferível um tipo de escolha que evitasse a destruição de todos, ainda que em detrimento da felicidade de algumas pessoas. Em suma, a solução que une os dois aspectos – o máximo da felicidade de cada um e a totalidade da felicidade de todos, da verdade de todos – não pode ser deste mundo. Podemos concebê-la apenas em outra dimensão, a dimensão transcendente.

Rorty Parece-me que tanto a noção de verdade universal como a de dimensão transcendente provêm ambas da esperança de que na realidade temos ao nosso lado algo maior e mais poderoso, que trabalha para nós e simpatiza com nossos objetivos. A religião é a expressão tradicional dessa crença.

No Ocidente, quando a política secularista substituiu gradualmente a teocrática, tornou-se cada vez mais possível substituir a esperança de que existia algo poderoso ao nosso lado pela simples esperança de que os seres humanos poderiam fazer determinadas coisas e de certo modo colaborar livremente.

Penso na filosofia comum a Mill, Dewey e Habermas como uma filosofia que diz: "Agora que secularizamos a política, vamos torná-la também não metafísica; abandonemos até mesmo os modos seculares pelos quais tentamos assegurar a nós mesmos que existe algo grande e poderoso ao nosso lado, vamos procurar fazer progressos simplesmente para ter mais esperança na colaboração mútua que na de alcançar a verdade universal ou de entrar em contato com o transcendente."

Pergunta Em sua opinião, é possível e necessário um retorno do catolicismo, do islamismo e do judaísmo ao arquétipo de homem leigo como Odisseu, que, dotado não de inteligência contemplativa, de *noûs,* mas de inteligência executora, *mêtis,* tomava para si os problemas e os resolvia *ut Deus non esset*? Voltar, portanto, a um laicismo já presente no mundo clássico?

Rorty Não acredito que possamos voltar atrás, nem ao secularismo de Odisseu, nem aos tempos de Maomé, de Jesus Cristo ou de Abraão. Sabemos muito mais que cada um desses profetas, heróis e visionários. Adquirimos mais experiência do que eles possuíam. Não estamos mais próximos do que eles de uma verdade universal, de algo transcendente: simplesmente somos mais espertos, mais capazes de compreender o que poderia fazer mal e o que poderia, ao contrário, fazer bem.

Portanto, não acredito que seja uma questão de retorno, mas sim de tentar ainda mais diferenciar constantemente o futuro do passado.

Pergunta Duas fábulas muito curtas como objeções. A primeira é: estou numa ilha habitada por um milhão de indivíduos que gostam de comer pessoas que nunca comeram outra e, portanto, gostariam de comer a mim, que não sou canibal. Eles ficarão muito mais felizes se me comerem, mas eu não ficarei tão feliz. É minha felicidade isolada contra a de um milhão. Baseado em quê eu poderia me opor a isso?

Segunda fábula: imaginemos uma outra ilha, onde as pessoas gostam muito de fazer guerra. A felicidade delas consiste em ser prepotentes. Digamos que é a ilha de Hobbes e de Freud, para esclarecer. E sua inclusão consiste em guerrear uns contra os outros. Como conciliar isso com a felicidade? A felicidade de cada um pode ser a regra para fazer aquela sociedade progredir? Hobbes não teria concordado.

Rorty Creio que a pergunta "baseados em quê eles não deveriam nos comer?" e "baseados em quê poderíamos lhes demonstrar que não deveriam ser brutais conosco?" são expressões da convicção platônica segundo a qual, no fundo do coração de cada ser humano, existe um ponto de referência moral fixo, independentemente da maneira como aquele ser humano foi criado, independentemente de sua cultura e de sua tradição. Acho que não temos nenhum motivo para acreditar nisso. Uma vez abandonada a ideia de que, simplesmente pelo fato de sermos humanos, conhecemos algo a que podemos recorrer, ficaremos contentes por não sermos mais fundamentalistas. Concordaremos sobre o fato de que não temos meios de convencer as pessoas que vivem naquela ilha a não fazer aquilo a que foram ensinadas, que fazem por tradição. Em sua natureza humana não há nada a que recorrer, pois os seres humanos não têm uma natureza, não existe nenhuma estrutura da existência humana. Existem simplesmente os vários modos como os seres humanos se reuniram, formando uma sociedade, e estabeleceram as próprias tradições. Algumas dessas tradições tornaram os seres humanos muito mais felizes, outras os tornaram muito mais infelizes.

Pergunta Recentemente assisti a uma conferência do professor Michel Onfray, que é ateu. Resumo essa conferência: Deus não existe e Jesus é seu filho. O professor Onfray só fica feliz se faz essa afirmação.

Gostaria de ouvir seu comentário sobre essa posição.

Rorty Parece-me que houve muitas tentativas, por parte dos pensadores cristãos, de fazer uma distinção entre a religião veterotestamentária do poder e a neotestamentária do amor, de dizer que a história da cristandade é a gradual submissão do poder ao amor, ou a gradual substituição do poder pelo amor como atributo principal do divino. O livro de Gianni Vattimo *Credere di credere* [Acreditar em acreditar] (Garzanti, 1996) parece-me uma das melhores expressões recentes, pelo menos dentre as que li, dessa tentativa de repensar a mensagem cristã. No livro, já não se pergunta se Deus tem ou não poder sobre nós, pois Vattimo interpreta a doutrina cristã da encarnação como cessão, por parte de Deus, de todo seu poder ao homem, como cessão, por parte do pai, de todo seu poder ao filho. Parece-me uma leitura muito abrangente da cristandade.

Pergunta O senhor nos explica que nem a razão nem a experiência nos ajudaram a escolher entre uma perspectiva transcendentalista e outra imanentista. Mas isso significa que, de algum modo, temos de aceitar o fato de que, no mundo, cada um se atém a sua própria superstição, ou há um ponto de revisão – que é a comparação, ou seja, a vida de uma democracia – em que dizemos "não, esta perspectiva é preferível a outras"?

Rorty Sim. Acredito que a aplicação seja essa. Obviamente a leitura da história e da filosofia influi sobre qual das grandes visões do mundo nos é concedida, mas no fim creio que deveríamos abandonar a ideia de que a filosofia ou a história constituem um tribunal de apelação neutro em que se possa decidir quem tem razão: nós ou nossos amigos atraídos por uma visão alternativa.

Pouco a pouco estamos elaborando uma forma de vida social em que ateus e cristãos podem coexistir na mesma arena política. Há trezentos anos isso teria sido considerado impossível, mas o realizamos. Era um grande projeto imaginativo e revelou-se um projeto de sucesso: espero que possamos continuar a levá-lo adiante, de modo que se torne um modelo para o futuro curso do progresso moral.

Vattimo Parece-me muito difusa a ideia de que cada um de nós, no fim, permanece com suas convicções. Mas entre a verdade definitiva, total, e o "tudo é válido", *everything goes*, há toda uma esfera intermediária. E, precisamente, a experiência e a história podem nos fornecer argumentos retóricos *ad homines*. Quando alguém me diz "prefiro Beatles a Beethoven", o que posso fazer? Posso apenas tentar convencê-lo: "Ouça comigo, perceba como esse acorde é banal" etc. Não posso fazer mais que isso. Encontro na história e na experiência mais argumentos retóricos que argumentos demonstrativos. Não sei se Rorty concorda com isso.

Rorty Sim. Não pretendo dizer que a experiência histórica, ler história, ler literatura, ler filosofia, falar com os amigos e engajar-se politicamente seja inútil, que seja apenas uma questão de preferência arbitrária. O que pretendo dizer, e concordo com você, é que deveríamos deixar de contrapor a verdade universal necessária à preferência arbitrária, e afirmar, em vez disso, que não se tomam decisões importantes em decorrência de um exercício de preferência arbitrária ou mediante o fundamento alicerçado na verdade universal. De alguma maneira, estamos sempre na metade do caminho.

(Turim, 21 de setembro de 2005)